科學 Science　科技 Technology　工程 Engineering　藝術 Art　數學 Maths

# STEAM 學習入門

U0111060

# 藝術

## ART

珍妮·積及比 / 著

維姬·巴克 / 繪

新雅文化事業有限公司

www.sunya.com.hk

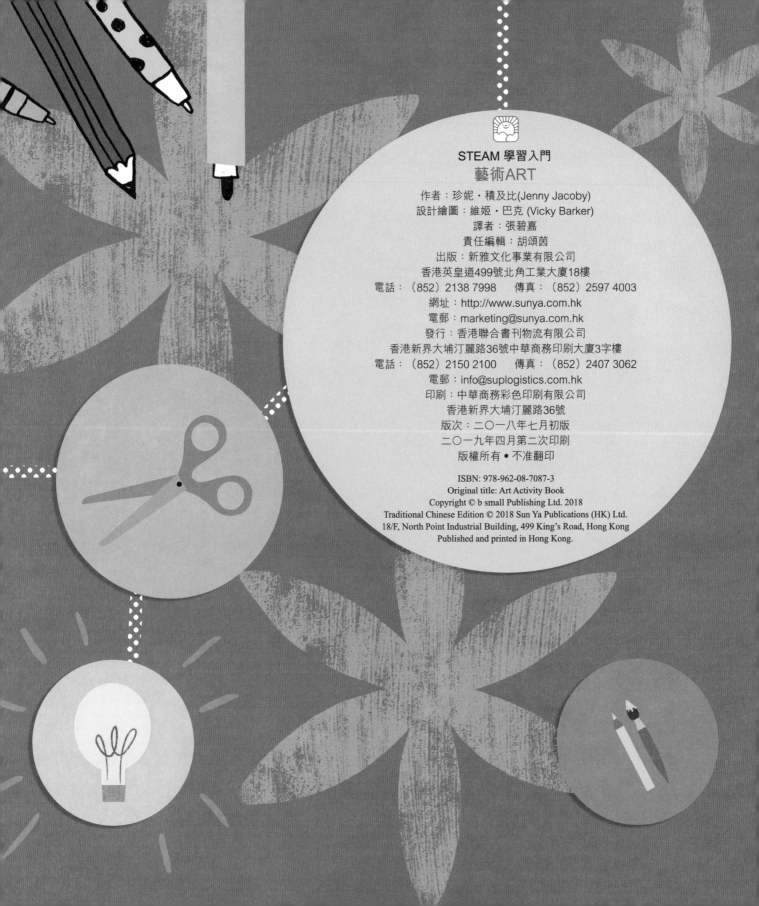

STEAM 學習入門

# 藝術ART

作者：珍妮·積及比(Jenny Jacoby)

設計繪圖：維姬·巴克 (Vicky Barker)

譯者：張碧嘉

責任編輯：胡頌茵

出版：新雅文化事業有限公司

香港英皇道499號北角工業大廈18樓

電話：（852）2138 7998　　傳真：（852）2597 4003

網址：http://www.sunya.com.hk

電郵：marketing@sunya.com.hk

發行：香港聯合書刊物流有限公司

香港新界大埔汀麗路36號中華商務印刷大廈3字樓

電話：（852）2150 2100　　傳真：（852）2407 3062

電郵：info@suplogistics.com.hk

印刷：中華商務彩色印刷有限公司

香港新界大埔汀麗路36號

版次：二〇一八年七月初版

二〇一九年四月第二次印刷

ISBN: 978-962-08-7087-3

Original title: Art Activity Book

Copyright © b small Publishing Ltd. 2018

Traditional Chinese Edition © 2018 Sun Ya Publications (HK) Ltd.

18/F, North Point Industrial Building, 499 King's Road, Hong Kong

Published and printed in Hong Kong.

# 藝術是什麼？

藝術就是將某些想法、感受或經驗，用創意的方法表達出來。藝術家會用各種不同的技巧，例如繪畫、雕刻、寫作和跳舞等，來傳遞他們想帶出的信息。藝術家的靈感可以來自世界上各種不同的東西，然後他們會運用許多不同的工具來創作。藝術家除了會用顏料、畫筆和工具繪畫，有時候他們也會用到科技產品（例如相機或3D打印機）或不同的物料來創作。如果他們找不着想要的工具，他們甚至可以自行研發、為自己量身訂做一套工具！

# STEAM是什麼？

STEM是代表科學（**S**cience）、科技（**T**echnology）、工程（**E**ngineering）和數學（**M**athematics）這四門學科的英文首字母的縮寫。這四門學科的學習範疇緊密相連，互相影響發展。而在STEM加上藝術（**A**rt）的A，就組成了**STEAM**。藝術的技巧和思考方法可以應用在科技上，同樣，科技、科學和數學也能啟發藝術應用。**STEAM**的五個範疇可以解決問題，改善我們的生活，應用的廣泛性超乎我們想像。

科學
（Science）

科技
（Technology）

工程
（Engineering）

藝術
（Art）

數學
（Maths）

# 互補色

藝術家們在作畫之前，都會先規劃如何運用不同的顏色組合，並配搭色彩。大家一起來看看以下這些顏色組合。上面的三個顏色組合並不起眼，而下面的三個組合看上去則活潑得多。

這些**活潑的顏色**組合稱為**互補色**，也就是在色輪上位置相反的顏色，它們之間的色調不同，所以能襯托出彼此，產生對比的視覺效果。反之，當相近的顏色放在一起時，色彩就會變得和諧，卻不能分別突出兩種顏色了。

顏色不起眼

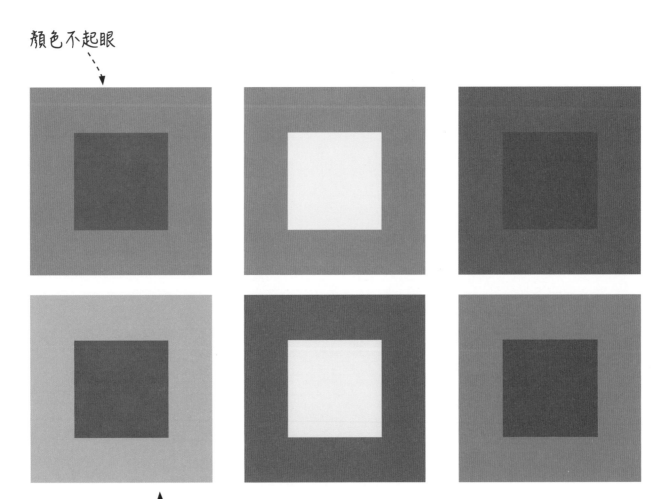

互補顏色

以下這個色輪，上面只有三原色，請你按照旁邊的提示，用顏色筆把它填上適當的顏色。

### 色彩的混合

當我們把兩種不同的顏色混合起來，就會出現另一種顏色。當色彩中含有黃色、紅色的比重較大，就會給人溫暖的感覺，稱為暖色；而藍色的比重較大時，則會給人冰冷的感覺，稱為冷色。

藍色 + 黃色 = ？

黃色 + 紅色 = ？

藍色 + 紅色 = ？

你剛剛塗上的顏色稱為**二次間色**，因為它們是由兩種三原色混合而成的。你留意到互補色有什麼特別之處嗎？這與顏色的物理學有什麼關係呢？（答案在第32頁）。

5

# 視錯覺

我們的眼睛常常欺騙我們。藝術家會用不同的方法來讓我們知道眼睛和腦袋如何使我們上當，而科學家則說明這些錯覺是怎樣來的。

當我們的眼睛看見事物，便會將信息傳到腦袋。腦袋會將我們對世界的認知，以及眼睛所傳遞的影像信息結合起來，去理解所看見的一切。於是，有時候腦袋其實自行創造了一些我們實際上沒有看見的事物。

例如，在右圖中，我們知道眼前這半個蘋果並不是真的只有一半，而是一個完整的蘋果，只是它有部分被物件遮擋了。

嬰兒要學懂判斷眼前事物的真實狀況，這並不是天生就懂的！

# 密鋪平面

當某些形狀的圖案拼合在一起時，完全覆蓋平面空間，沒有留下空隙或出現重疊的部分，就稱為密鋪平面。

正方形是最簡單的密鋪平面圖形，但這有點太沉悶了。

圓形不能用作密鋪平面，因為在每個圓形之間還有許多空隙。

以下是一些密鋪平面的形狀，請按照下面的指示給這些圖案填上顏色。

1. 請將第一個圖形填上紅色，然後把旁邊填上綠色。參照一紅一綠的次序填色，如此類推，看看密鋪平面的圖案是怎樣的。

2. 請將第一個圖形填上藍色，然後把旁邊的填上黃色。參照一藍一黃的次序填色，如此類推。

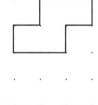

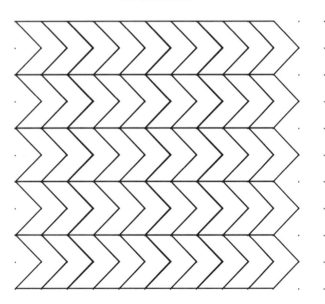

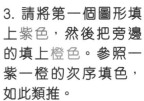

3. 請將第一個圖形填上紫色，然後把旁邊的填上橙色。參照一紫一橙的次序填色，如此類推。

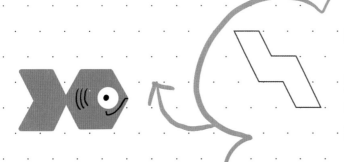

現在請你試試創造屬於你自己的密鋪平面圖形吧！你可以把上面空白位置上的點用線連起來，畫成一個特別形狀，然後在它旁邊畫上相同的形狀，顯示出它能夠密鋪平面。你可以畫出奇形怪狀的圖形，但越簡單的圖形越容易成功。

# 資訊圖像

有些複雜的概念很難在三言兩語間向別人解釋清楚，因為這些概念或許牽涉許多不同的概念，或是包含許多數字，讓人無法立刻記住。要解釋一些很複雜或詳盡的事情，其中一個好方法就是運用資訊圖像。

資訊圖像到底是什麼呢？資訊圖像（Infographics）是運用圖像、文字、數據和圖表來表達資訊。最重要的就是資訊圖像所呈現出來的信息簡明扼要，讓人容易理解和記憶，讓人一看就懂。有時候，我們運用資訊圖像比起一連串的文字或數據解釋更快速和有效。

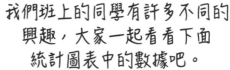
我們班上的同學有許多不同的興趣，大家一起看看下面統計圖表中的數據吧。

| 興趣 | 人數 | 喜歡的原因 |
|---|---|---|
| 芭蕾舞 | 3 | 「我喜歡跳芭蕾舞，因為跳躍的舞姿很優雅。」 |
| 足球 | 18 | 「我很喜歡跟朋友們在球場上奔跑，入球時是最高興的。」 |
| 手工藝 | 7 | 「由零碎的材料做起，完成作品後很有滿足感。」 |
| 游泳 | 10 | 「游泳令我很開心。」 |
| 踏單車 | 20 | 「當我踏着單車下坡時，感覺就像在飛翔一樣。」 |

以下是用資訊圖像的方法表達以上的資訊。

「我喜歡跳芭蕾舞，因為跳躍的舞姿很優雅。」

「我很喜歡跟朋友們在球場上奔跑，入球時是最高興的。」

「游泳令我很開心。」

「由零碎的材料做起，完成作品後很有滿足感。」

「當我踏着單車下坡時，感覺就像在飛翔一樣。」

右面的統計表記錄了班上同學的上學方式，現在你也來試試完成以下的資訊圖像吧。請在下面空白的位置畫出你的資訊圖像。你可以用繽紛的色彩表達，也可以用簡約的風格，記住當圖案比例越大，就代表同學的人數越多。

| 上學方式 | 人數 | 原因 |
|---|---|---|
| 地鐵 | 19 | 「我喜歡乘搭地鐵，因為時間比較快。」 |
| 家長接送 | 5 | 「爸爸媽媽會先駕車送我學校，然後去上班。」 |
| 巴士 | 4 | 「我喜歡在巴士上看路上的車子。」 |
| 步行 | 2 | 「因為我家離學校不遠，可以步行上學。」 |

# 素描

當你想向大家表現一個抽象的想法或事物時，除了用文字說明，你也可以透過勾畫圖像來展示。畫圖可以幫助你把複雜的概念或事物更具體地表達出來。

你可以透過觀察身邊的事物來練習畫圖。

記住：不要擔心自己勾畫的圖畫不完美。不論是簡單的草圖，抑或是精美的繪圖，這些都可以幫助我們把思想更具體地呈現出來。

## 三個小提示：

自由地畫——
放膽將你看見的東西畫出來，不用想太多。

善用空間來畫——
盡量善用紙張上的空間來畫。

先輕輕用鉛筆勾畫構圖——
這樣你就可以輕易擦掉你不喜歡的線條。

先細心觀察你想繪畫的對象是由什麼形狀組成的。

先畫最大、最簡單的外形和形狀。

然後，逐一加上細節。

請按照以上的步驟，試試在下面的位置繪畫這些圖案。

# 一筆繪畫

只要發揮想像力，任何人也可以繪畫，不過，你有信心挑戰一筆畫完一幅畫嗎？在繪畫時，不妨試試加一條規則給自己。這不但可以令事情變得有趣和充滿挑戰性，而且也可試試自己的能力。這就像科學家和工程師也常常會遇上不同的困難和條件限制，他們也要思考和找出解決問題的方法。

亞歷山大・考爾德（Alexander Calder）是一位著名的美國藝術家。他曾經創作了不少著名的一筆畫作。「一筆畫」是指用一條線完成繪畫整幅畫，畫好之後才會拿起筆離開紙張。考爾德提供了一些「一筆畫」的小貼士：

- 要慢慢地繪畫，在完成繪畫之前，鉛筆不要離開紙張。
- 繪畫的線條可以繞圈，也可以交錯。
- 這種技巧要慢慢練習的！試着用不同的方法繪畫同一幅的畫作。

現在請你試試挑戰自己，在下面空白的位置用一筆畫的方式畫出以下這三個圖案吧！

# 形狀遊戲

科學家和工程師通常都是一些愛思考，富有創意的人。他們會發掘有待解決的問題，然後大膽進行想像和假設，並透過實驗來嘗試找到解決問題的方法。創意是可以培養的，而形狀遊戲就是一個讓你創意起飛的有趣方法！

請把我填上顏色吧！

請你發揮創意，把右面這些空白的圖形繪畫成各種有趣的東西。你可以參照上面的例子，用鉛筆和顏色筆來加上不同的細節。

# 腦圖

　　腦圖（Mind Map），又稱思維導圖，是指將一個概念透過繪畫圖表呈現出來。我們把一個概念作為中心主題，把它相關的所有想法一層一層地畫出來，並寫下一些關鍵字或簡單的句式。這種圖表可以幫助我們引發思考和理解主題當中的層次關係，科學家或工程師也常常利用腦圖來構思新的想法或分析問題。大家快來一起學習怎樣製作腦圖，幫助學習吧！

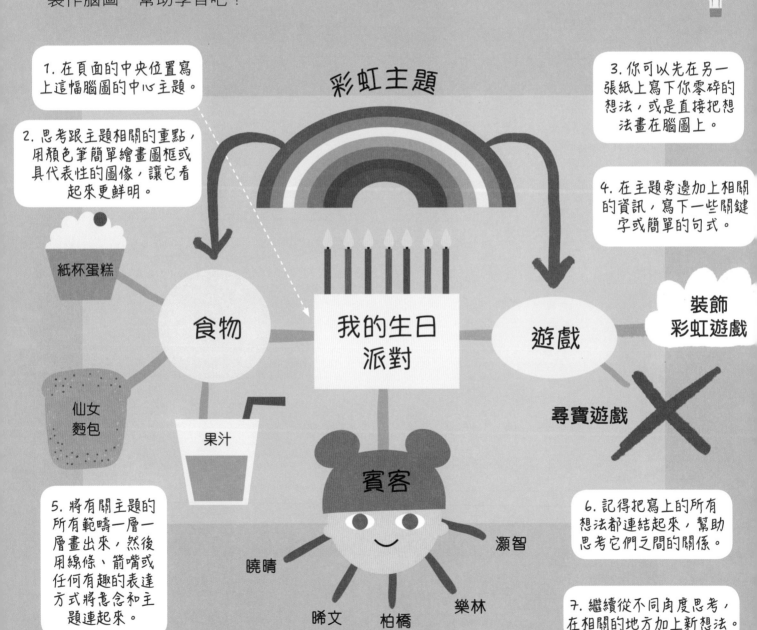

1. 在頁面的中央位置寫上這幅腦圖的中心主題。

2. 思考跟主題相關的重點，用顏色筆簡單繪畫圖框或具代表性的圖像，讓它看起來更鮮明。

3. 你可以先在另一張紙上寫下你零碎的想法，或是直接把想法畫在腦圖上。

4. 在主題旁邊加上相關的資訊，寫下一些關鍵字或簡單的句式。

5. 將有關主題的所有範疇一層一層畫出來，然後用線條、箭嘴或任何有趣的表達方式將意念和主題連起來。

6. 記得把寫上的所有想法都連結起來，幫助思考它們之間的關係。

7. 繼續從不同角度思考，在相關的地方加上新想法。

彩虹主題

紙杯蛋糕

食物

我的生日派對

遊戲

裝飾彩虹遊戲

仙女麵包

果汁

尋寶遊戲

賓客

曉晴　晞文　柏橋　樂林　灝智

請你也來試試製作一幅屬於你自己的假期計劃主題腦圖吧。你可以用顏色筆和畫上簡單的圖畫來裝飾它。

戶外活動

好玩的
事情

我的假期

食物

遊戲

# 專注的繪畫

　　當你遇到一些想不通的難題時，你可以令自己雙手忙碌起來，藉此舒緩壓力。這會讓你腦袋的其餘部分都集中起來，提升專注力。你可以透過繪畫這些色彩繽紛的複雜圖案，例如曼陀羅（mandala）圖案，來讓自己雙手忙碌、腦袋活躍。你可以先畫一系列的同心圓（即所有圓形同一個圓心，但每個圓形越來越大），然後在圈與圈之間畫上一些花紋和填上繽紛的顏色。

曼陀羅「mandala」一詞源於梵文，意思是「圓形」，是代表「宇宙」的圖案。

**20**

請你試試在空白的位置畫上你的設計吧。你可以由右面的圓形圖開始，由中心點開始畫上任何形狀，例如圓形、三角形、打圈、點點、水滴形……最重要的是要環繞着圓形重複畫上同樣的形狀或平衡的圖案。

# 利用圖像處理數據

科學家做研究的時候，常常都會得到大量的「數據」（data），即是從計算和實驗所得的數字和結果。這些數據通常會用圖表或清單列出，可是看起來卻不容易明白。於是，人們就用統計圖表，例如圓形圖（pie chart）、棒形圖（bar chart）和折線圖（line chart），來具體地展現數據。你還可以用許許多多不同的方法來呈現數據，例如文字說明和圖畫。

## 1. 文字說明

昨晚爸爸煮了肉醬意大利麵做晚餐，但媽媽說她只想要點湯和麵包，而我兩個弟弟也要求吃他們最愛的食物。所以，最後只有我和爸爸吃肉醬意大利麵，弟弟們分別吃了炸魚條、薯條、青豆和炒蛋烤多士。

## 2. 圖表

| 家庭成員 | 晚餐菜式 |
| --- | --- |
| 媽媽 | 湯和麵包 |
| 爸爸 | 肉醬意大利麵 |
| 菲比 | 肉醬意大利麵 |
| 哈里 | 炸魚條、薯條、青豆 |
| 里奧 | 炒蛋烤多士 |

## 3. 圖畫

媽媽　爸爸　菲比　哈里　里奧

請你把下面圖表裏的數據簡化成圖像，在右圖水果店的貨架上繪畫出蔬果店售賣的生果和蔬菜。

| 橙 | 5 |
|---|---|
| 草莓 | 10 |
| 紅蘿蔔 | 9 |
| 馬鈴薯 | 15 |
| 蘋果 | 4 |
| 梨子 | 6 |

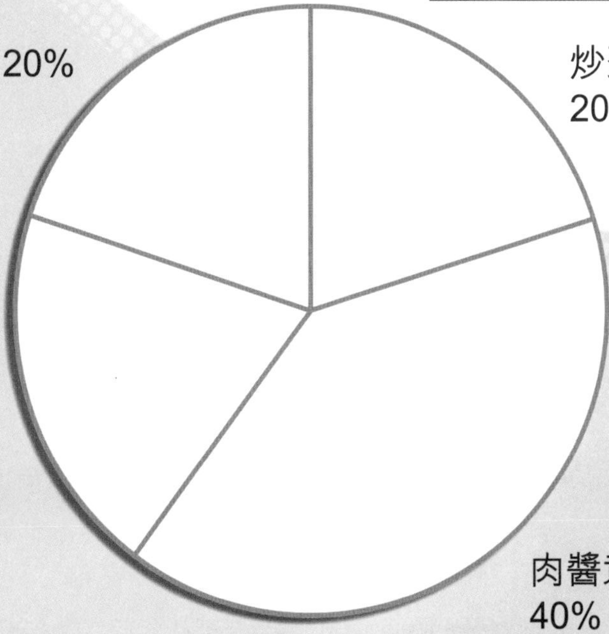

湯和麵包：20%

炒蛋烤多士：20%

炸魚條、薯條、青豆：20%

肉醬意大利麵：40%

請給左面的圓形統計圖填上顏色，記住要用不同的顏色代表每個類別。

**23**

# 表演藝術

　　科學家進行實驗時必須經過細心觀察，記錄數據。在藝術上，我們也要學會觀察，才能有出色的表演。表演是一種藝術的形式，人們會利用不同的肢體動作或聲音來表達思想。有時候，人們會模仿動物的動作和形態，這就需要仔細觀察想要模仿的對象。例如，當你觀察到一隻貓追老鼠，你可以用動作和身體語言來模仿牠們的動作，這樣也會令你記憶更加深刻。

這些人在扮演不同的事物，你知道他們分別在模仿什麼嗎？請找出五個不同的組合。
（答案在第 32 頁）

# 螺旋形

世界上許多事物都是由不同的形狀和圖形組成，當中有些是不規則的圖案，例如螺旋形。當你細心觀察大自然，你就會發現有不少事物都有螺旋形的蹤影呢！

你能找出圖中有多少個螺旋形的圖案嗎？
請把它們圈起來。
（答案在第 32 頁）

螺旋形也可以構成美麗的圖案，你認為它們會像什麼呢？請你發揮想像力，在下面設計繪畫出屬於你自己的螺旋形圖案吧。

# 對稱圖形

　　大自然中有許多事物都是對稱的。「對稱」的意思是指圖案包含兩邊完全一樣的形狀，可分為左右對稱、上下都對稱。

　　大家一起來細心看看下面這些大自然中的對稱圖案吧。例如蝴蝶是對稱的，我們在牠的身體中間畫上一條線，就會發現牠的左邊跟右邊有一模一樣的圖案。雪花也是對稱的圖案，因為不論你從那個角度將它一分為二，兩邊都會是對稱的。

請你參考左面美麗的雪花圖案，在下面的白線上畫出三個對稱雪花。

# 美麗的幾何圖案

幾何學是數學的概念，學習有關形狀、大小、圖形的位置和空間。其實，幾何學也跟美術有關的。當你細心觀察周圍的事物，就會發現有許多美麗的圖案都是由簡單的形狀拼砌而成的。藝術家創作時也會運用不同的幾何形狀和圖案，再加上藝術技巧，例如填色和畫線，就成為了美麗的藝術創作。

下面的這些圓形中都加上了不同的形狀，成為了獨特的圖案，請你把這些圖案填上顏色。你可以先把一些形狀設定成不同的填色層次，試試運用不同的深淺顏色對比來凸顯當中的形狀。另外，你也可以在其他空白的圓形中加上一些線條和幾個圖案，設計出你喜歡的圖案。

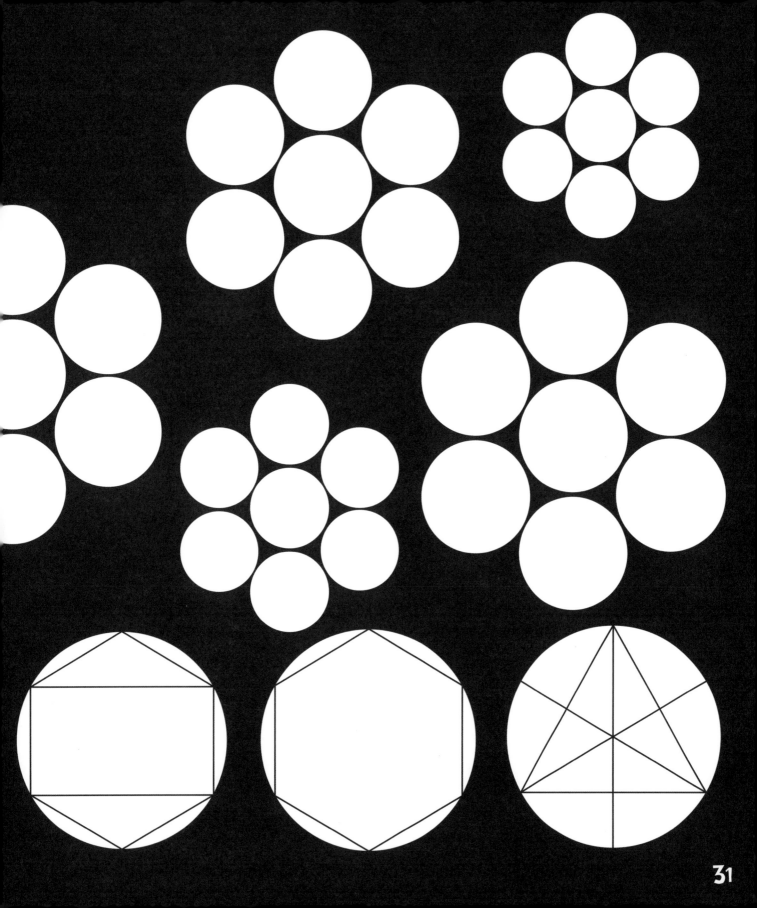

# 答案

第4-5頁

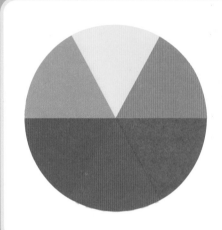

互補色是由一種三原色和一種二次間色所組成的顏色。在色輪上，互補色在彼此的對面。

第26頁

第25頁

蝙蝠

樹熊

星星

長頸鹿

火車